Made in the USA
Monee, IL
28 January 2022

90186526R00031